Masahiro Kasuya

DIE ARCHE NOAH

Deutscher Text von Peter Bloch

Friedrich Wittig Verlag   Hamburg

»Was ist denn da los?« fragte die kleine Schildkröte ihren Freund Noah.

»Alle Tiere laufen hin und her und die Vögel flattern aufgeregt durch die Luft.«

»Sie haben Angst«, sagte Noah. »Gott will eine große Flut kommen lassen.

Komm mit in meine Arche, dort bist du sicher!«

Langsam kroch die Schildkröte hinter den anderen Tieren her.

Sie kam als letzte bei der Arche an.

Die anderen Tiere gingen schon hinein.

»Wird für mich noch ein Platz übrig bleiben?«

fragte sich die kleine Schildkröte.

Viele Tiere waren schon in der Arche. Sie guckten alle zu den Fenstern heraus.

Nur die kleine Schildkröte war noch nicht in der Arche.

»Komm herein!« rief Noah. »Auch für dich ist noch Platz. Beeile dich!

Der Himmel wird schon dunkel. Gleich wird es regnen.«

Ganz langsam kroch die kleine Schildkröte in die Arche.

Noah wartete geduldig. Dann schloß er das große Tor.

Und das Wasser stieg bis über die höchsten Berge.

Als die vierzig Tage vorbei waren, ließ Noah eine Taube fliegen.

Aber die Taube kam bald zurück, sie hatte nirgendwo einen trockenen Platz gefunden.

Nach sieben Tagen schickte Noah wieder eine Taube aus.

Als sie zurückkehrte, trug sie einen frischen, grünen Zweig des Ölbaums im Schnabel.

Da wußte Noah, daß das Wasser gefallen war.

Aber er wartete noch einmal sieben Tage.

Dann öffnete Noah

die Fenster

und sah,

daß die Erde

wieder trocken war.

Die Arche war

auf einem hohen Berg

gelandet.

Endlich war die große Flut vorüber.

Noah öffnete das Tor und alle Tiere kamen aus der Arche heraus.

Wie freuten sie sich, daß sie wieder frei umherlaufen und springen konnten!

Die Vögel flogen hoch in die Luft.

Nur die kleine Schildkröte war noch in der Arche.

»Willst du nicht auch aussteigen?« fragte Noah.

Aber sie wollte Noah noch etwas sagen.

»Ich möchte dir danken«, murmelte sie, »du warst so gut zu mir

und hast mich in deine Arche aufgenommen.«

Dann verließ auch die kleine Schildkröte die Arche.

»Schau einmal«, sagte Noah und zeigte zum Himmel hinauf.

Die kleine Schildkröte hob ihren Kopf. Da sah sie einen großen, bunten Bogen am Himmel.

»Das ist ein Regenbogen«, erklärte ihr Noah.

»Den hat Gott gemacht zum Zeichen, daß er es gut mit uns meint.

Auch mit dir. Denn auch dich hat er gerettet!«

»Danke, Gott!« sagte die kleine Schildkröte.

5. Auflage 1985

ISBN 3 8048 4158 9
Bilder von Masahiro Kasuya. Deutscher Text von Peter Bloch.
© 1976 der Originalausgabe bei Shiko-Sha Co., Ltd., Tokyo, Japan.
© 1977 der deutschen Ausgabe Friedrich Wittig Verlag Hamburg.
Alle Rechte vorbehalten.
Printed in Japan.